El libro

detesto leer

Jimmy Huston

Copyright © 2016-25 Jimmy Huston

ISBN: 978-1-965153-62-8

Todos los derechos reservados, incluido el derecho a usar o reproducir este libro o cualquiera de sus partes sin el consentimiento escrito de la editorial a excepción de cuando se trate de citas breves contenidas dentro de críticas o reseñas.

Cosworth Publishing
21545 Yucatan Avenue
Woodland Hills CA USA
91364
www.cosworthpublishing.com

Para más información sobre este consentimiento, escríbanos a *office@cosworthpublishing.com*.

*Dedicado a Sarah de 11 años, Sean de 13 años,
y Mark de 60 años, quienes detestan leer.*

Mis más sinceras disculpas a la Sra. Pickett.

Capítulo uno

No continúes a la siguiente página.

Encontrarás palabras en ella.

Intenté advertirte.

Ahora encontrarás más.

Encontrarás letras, palabras, y enunciados.

Incluso párrafos.

Pero nada más.

Bueno, y también páginas.

Detesto leer. Detesto leerlas todas.

Pero bien, si ya llegaste hasta aquí, hay que acabar pronto.

Continúa a la siguiente página.

Capítulo 2

Los capítulos hacen que parezca que lees más pronto, pero no es suficiente.

Los capítulos siempre comienzan en la página derecha, dejando la de la izquierda en blanco.

Así se acaba más pronto el libro.

No me importa.

Detesto leer.

Capítulo 3

Ves? Se está acabando pronto, pero aun así...

Detesto leer.

No me gustan las palabras grandes.

No me gustan las palabras pequeñas.

Si hay muchas palabras, detesto leerlas. Si hay muchas palabras, detesto leerlas.

O si no hay.

De todas maneras, detesto leer.

No intenten engañarme con dibujos.

Detesto leer.

No intenten complacerme con buenas historias.

Héroes y villanos.

Historias románticas.

Salvar al mundo.

Finales felices.

Protagonistas (Ni siquiera busques esta palabra).

Déjenme en paz.

Detesto leer.

Aunque sea divertido, detesto leer.

Y usualmente, no lo es.

Popó.

Bueno, eso sí fue divertido.

Pero aún así, detesto leer.

Ni siquiera quiero hablar de poesía.

    Porque la escriben en rima.

    Peor que mi prima.

¿Lo ves? ¿A quién le importa?

A mí no.

Detesto leer.

No me importa si mi hermana ama leer.

No me importa si mi hermano ama leer.

No me importa quién ama la lectura.

No importa.

Yo detesto leer.

Capítulo cinco

Aquí comienza otro capítulo.

Tómate un descanso.

Detesto leer.

Por cierto, más vale que este libro no sea un truco para obligarme a leer.

Ya te lo dije, detesto leer.

No es un truco.

De verdad detesto leer.

Capítulo seis

¿Qué pasó con el Capítulo cuatro?

Calla y continúa. Ya casi termina.

¿Mencioné ya que detesto leer?

Capítulo siete

A veces palabras se desacomodan las.

Qué difícil leer vuelve.

Detesto leer.

No me gustan los libros largos.

No me gustan los libros cortos.

No me gustan los diccionarios.

No me gustan las enciclopedias.

Detesto leer.

(Los libros de cómics no cuentan)

No me gusta leer en voz alta.

No me gusta leer en silencio.

A veces finjo estar leyendo.

Ojalá este libro se acabe pronto.

Detesto leer.

No me gustan los libros que intentan asustarme.

No me hagan llorar.

No intenten engañarme.

No me sorprendan.

No me dejen en suspenso.

No me enseñen nada.

Detesto leer.

No me gusta leer historias acerca de ponis.

No me gusta leer historias de piratas.

No me gusta leer historias sobre junglas, océanos, o el espacio.

Si hay que leer, ya las detesto.

Sobre todo no me gustan los reportes de lectura.

Detesto leer.

No me digas que leer es bueno para mí.

Que bañarse es bueno para mí.

Que los vegetales son buenos para mí.

Que la medicina es buena para mí.

No me importa.

Detesto leer.

No me digas que leer es educativo.

Es un truco.

Cada año lo hacen más difícil.

Primer grado, segundo grado, tercer grado. Más y más difícil.

Déjenme en paz.

Detesto leer.

Capítulo noventa y cinco

Incluso en la página 465, detesto leer.

Pero por más que deteste leer, siempre se siente bien…

...terminar un libro.

FIN

Ya puedes dejar de leer.

Se acabó.

Estas solo son tonterías para la gente que no detesta leer, y de alguna manera terminaron en esta página.

Habrá más cosas que leer en *www.i-hate-to-read.com.*

Si quisieras escribirnos una reseña positiva en alguna parte, lo agradeceríamos mucho.

Si quieres escribirnos una reseña negativa, envíala a *heystupid@i-hate-to-read.com.*

Tenemos una colección de libros igual de ilustres y/o ridículos disponibles en *www.cosworthpublishing.com.*

Pero los detestarás.

Aquí ya no hay nada.

Ni aquí.

¿Qué es lo que buscas? ¿No te has dado cuenta que estás leyendo sin razón?

¿Por qué?

Bueno, tal vez leer no siempre es malo. Pero, lo que DE VERDAD detesto --

Detesto escribir (Tal vez ya lo notaste).

¿Sigues leyendo?

Ya, deja este libro.

Bueno, si tu no pararás, yo sí. Vamos afuera a jugar.

Libros por Jimmy Huston

El libro detesto leer

...y odio las matemáticas 2:
¿Quién las necesita?

El manual del disléxico:
Edición genius

El libro de cocina sobre el trastorno de déficit de atención e hiperactividad:
Edición rompecabezas

Autismo para principiantes:
Surfeando el espectro

El libro divertido sobre el TOC:
¿de verdad?

¡GROSERÍAS para NIÑOS!:
Etiqueta para los profanos

La primera disculpa es la peor:
Acabemos de una vez

El asombroso, estupendo, extraordinario y also inusual LIBRO GIRATORIO:
No necesita pilas

¿Es tu primer funeral?:
Un manual para niños

¿Por qué mi mamá no puede pasar más tiempo conmigo?

Soy autismo Soy autismo Soy autismo

El primer manual del bebé
Cómo ser el centro del universo

Locos, nerds y sabios:
Neurodiversidad y creatividad

Cómo escribir este libro:
Y tú serás el autor

La prueba de la serpiente:
¿Verdadero? ¿Falso? Tal vez.

¡Ese extraño angelito!

www.byjimmyhuston.com
www.cosworthpublishing.com

Books in English by Jimmy Huston

The I Hate to Read Book

...and I Hate Math 2: Who Needs It?

Nate-Nate the Christmas Snake

The Dyslexic Handbook: Genius Edition

Cussing for Kids!: Etiquette for the Profane

The Attention Deficit Disorder Hyperactive Cookbook: Puzzle Edition

The OCD Funbook: Really?

Autism for Beginners: Surfing the Spectrum

Nuts, Nerds, & Savants: Neurodiversity & Creativity

I Am Autism I Am Autism I Am Autism

The Bedtime Book of Bad Dreams: Dozing Dangerously

Baby's First Instruction Manual: How To Be the Center of the Universe

Rat BLEEP and Alien Poop: Not for Parents at All

How to Write This Book: You're Going to Be the Author

The Big Beautiful Book of Burping, Belching, and Barfing

The Book Book: Inside the Inside Story

Why Can't Mommy Spend More Time with Me?

The Amazing, Stupendous, Extraordinary, and Somewhat Unusual SPINNING BOOK: No Batteries Required

That Strange Little Angel

The Snake Test: True? False? Maybe?

Is This Your First Funeral?: A Child's Primer

Don't Go to College, Go to Europe for Less

Dead Is the New Sick: An Insider's Guide to Senility, Paranoia, and Curmudgery

The First Apology Is the Worst: Let's Get It Over With

It's Not Easy Being MISTER Ladybug

www.byjimmyhuston.com
www.cosworthpublishing.com

www.ingramcontent.com/pod-product-compliance
Lightning Source LLC
Chambersburg PA
CBHW061352010526
44107CB00011B/910